OPINION

SUR LES MESURES A PRENDRE

CONTRE

LA COALITION DE 1815;

PAR

H. SAINT-SIMON ET A. THIERRY.

18 MAI 1815.

A PARIS,

CHEZ DELAUNAY, LIBRAIRE,

PALAIS ROYAL, GALERIES DE BOIS.

1815.

AVANT-PROPOS.

Nous avons parlé de l'alliance de notre nation avec la nation anglaise dans un temps où cette alliance était désirable, mais impossible ; nous allons en parler encore maintenant qu'elle est nécessaire et possible. Cet écrit sera peu long, parce que les événemens se pressent, et que la nécessité croît à mesure. Nous n'avons point la vanité de donner à nos concitoyens des règles de conduite, mais nous pensons qu'il est du devoir de chacun d'aider la patrie de ses conseils dans les temps difficiles : soit que nous ayons bien vu ou non, nous aurons rempli ce devoir. Il est des occasions où le zèle du bien public peut se tromper, mais non se taire.

N. B. L'état social de la France est présenté dans cet ouvrage, non tel qu'il est dans le moment où nous écrivons, mais tel qu'il sera à l'ouverture du *Champ-de-Mai:* le lecteur est prié de se porter à cette époque.

LA NATION FRANÇAISE.

C'est à vous que nous dédions ce livre, parce qu'il ne s'adresse qu'à vous; parce qu'il n'y sera parlé que de vous, sans nul égard à ceux qui vous gouvernent, ou plutôt vont vous gouverner; parce que les choses qui y seront proposées ne peuvent s'exécuter sans vous, ne doivent s'exécuter que par vous.

Dans le temps même où, par le ministère de vingt mille représentans, vous allez exercer vos droits de nation, votre existence nationale est menacée, et c'est l'Europe armée qui la menace. Comme la sûreté est le premier besoin de l'état, que la bonne police du dedans n'est rien sans la sécurité extérieure, occupés d'assurer l'une, il est important que vous songiez à l'autre, et que votre attention se partage entre ces deux intérêts.

Dans un état constitué, c'est au chef, comme représentant de l'état, comme ministre de la volonté commune, qu'est remis le soin de la politique extérieure; il agit et la nation juge;

mais lorsqu'après la destruction d'un gouvernement, un autre gouvernement se prépare ; lorsque l'état n'a point de chef, puisque l'état n'est
point encore, qui disposera des relations politiques, sinon la nation, qui est tout alors ?

C'est donc à vous, à vous-mêmes, c'est-à-dire
à ceux qui se rassemblent au nom de vous tous
pour vous constituer, qu'il appartient de pourvoir à votre sûreté présente, de sentir, de vouloir, de faire ce que votre situation commande :
tous vos pouvoirs sont en eux, tous vos intérêts
sont dans leurs mains.

Aussi, si, par quelques fautes commises, par
quelques mesures négligées aujourd'hui, vous
vous trouvez à l'avenir dans un état fâcheux,
ce n'est point aux gouvernans que vous aurez
à vous en prendre, car on ne vous gouverne
point maintenant, c'est à vos représentans qui
sont le pouvoir, c'est à vous qui agissez par eux,
et qui êtes maîtres de votre action.

Cette obligation d'agir vous-mêmes en ce
moment vient au secours de vos besoins pré-
sens, convient à votre intérêt futur ; des réso-
lutions toutes nationales peuvent seules repous-
ser loin de vous le péril qui s'avance ; une politique toute nationale peut seule vous con-
duire au repos. De quelques prétextes que s'en-

veloppe la guerre qu'on vous prépare ; votre
cause est la cause de vous seuls : séparez d'elle
ce qui n'est point vous.

Vous êtes une nation maintenant ; bientôt
vous serez des sujets. Ces pouvoirs qui sont en
vous tous se rassembleront dans un petit
nombre, et dès lors vous ne vous servirez plus
vous-mêmes ; d'autres que vous agiront pour
vous ; ils agiront pour eux peut-être. Souvenez-
vous de la nation anglaise, que ses intérêts appel-
lent d'un côté, et que son gouvernement em-
porte en sens contraire.

Nous vous conjurons donc de jeter les fonde-
mens de votre politique, maintenant que vous
avez tous vos droits, maintenant que vous êtes
à la fois et le gouvernement et la nation. Il y
a des choses dont vous avez besoin et que vous
seuls pouvez faire : ce qui vous est possible aujourd'hui ne le sera point demain ; ce que vous
êtes à présent que vous constituez l'état, vous
ne le serez plus dès l'instant que vous l'aurez
constitué ; ce sera votre devoir alors de vous
tenir à votre rang de peuple, comme ce l'est
aujourd'hui de vous montrer souverains.

Comme citoyens, comme ayant à ce titre le
droit de prendre part à vos conseils, nous vous
proposons une mesure qui nous semble la seule

praticable dans la circonstance présente, la seule
salutaire pour l'avenir ; c'est de vous rapprocher
de la nation anglaise.

L'idée de vous allier à l'Angleterre n'est
point une idée nouvelle; une sorte d'instinct a
fait proclamer cette union avant même que le
raisonnement l'eût démontrée utile, avant que
les événemens la fissent voir nécessaire : l'esprit
de parti qui égare, les passions qui aveuglent
les peuples comme les hommes, pourront vous
en détourner encore. Vous céderez un jour à la
force des choses, et vous y reviendrez malgré
vous. C'est là que vous poussent votre intérêt et
la nécessité présente : vous résisterez peut-être;
mais, quoi que vous pensiez maintenant, quelque parti contraire que vous preniez, le temps
viendra toujours où vous serez unis à la nation
anglaise, et ce sera le terme de vos agitations et
de vos maux.

OPINION

SUR LES MESURES A PRENDRE

CONTRE

LA COALITION DE 1815.

CHAPITRE PREMIER.

IDÉE DE L'OUVRAGE.

Une coalition des chefs de sept états européens vient de se former contre la France; cette coalition arme à frais communs un million d'hommes : lui opposer un million d'hommes est l'idée la plus simple qui se présente. Mais si la force de la coalition n'était pas tout entière dans ses armées, ni le salut de la France dans sa résistance militaire; si, les armées de la coalition détruites, le principe de la coalition devait subsister toujours, et reproduire la guerre sans fin et sans repos, que faudrait-il faire?

Dès le commencement de la révolution française, une politique nouvelle a pris naissance à la fois dans toutes les cours européennes. Cette politique était d'étouffer en France les maximes sociales que la France avait prises de l'Angleterre, qui d'elles-mêmes se répandoient hors de la France, et que la France propageait au dehors : c'est elle qui a présidé à la coalition de 1792. Si depuis elle a paru se démentir; si nous avons trouvé des alliés, quoiqu'elle nous interdît toute alliance, ce n'est point qu'elle eût cessé d'être, son action seule était interrompue; elle cédait pour un temps à une réaction plus puissante. La terreur de nos armes a fait oublier le danger de nos principes; mais lorsque nous avons cessé d'être à craindre par les armes, la première intention s'est réveillée, la politique a repris son cours. Au congrès de Vienne, on l'a proclamée et réduite en système; la coalition qui se forme va mettre ce système en pratique.

De cette lutte toujours subsistante entre

l'esprit de l'ordre social en France et la politique des puissances de l'Europe, il devait résulter que chaque grand mouvement à l'intérieur provoquât un grand mouvement au-dehors, et que chaque effort de la liberté appelât un effort contraire. C'est ce qu'on a vu en 1792, c'est ce qu'on voit aujourd'hui, c'est ce qu'on verra toujours, tant que nos rapports avec l'Europe ne seront point fondés sur des bases nouvelles.

La coalition de 1815 n'est donc point un événement extraordinaire, une sorte d'accident, un caprice des puissances européennes; elle vient de plus loin; elle est un terme de la série des événemens politiques de l'Europe, comme l'expulsion des Bourbons, à l'occasion de laquelle elle s'est formée, est un terme de la série des événemens politiques de la France. Elle était inévitable, parce que, dans un même état de choses, des effets semblables résultent nécessairement de causes semblables.

La coalition nous apporte, avec ses ar-

mées, un système combiné depuis vingt
ans, où tout marche au même but, où tout
répond au même mobile, où les haines
personnelles des nations contre nous, dé-
tournées contre nos principes, sont em-
ployées à détruire leurs droits en attaquant
les nôtres : c'est là qu'est sa plus grande force.

A cela, que pense-t-on opposer ? Des
hommes. Mais des hommes ne peuvent détruire que des hommes, et nous avons à
nous défendre contre des hommes et contre
un système. Il y a deux actions contre
nous ; nous devons réagir des deux côtés,
sans quoi notre défense est incomplète. La
coalition nous attaque, et avec nous nos
principes ; il faut donc que nos principes
aient leur résistance comme nous avons la
nôtre ; il faut opposer la politique à la politique, les combinaisons aux combinaisons,
comme nous opposons les armes aux armes,
les soldats aux soldats ; il faut que nous en-
gagions des intérêts dans la cause de nos
principes, comme ils en font agir pour leur
système.

(13)

Il est donc nécessaire que, par des mesures politiques bien concertées, nous nous
mettions en état de contre-balancer l'action
politique des puissances étrangères.

Quelles seront ces mesures ?

CHAPITRE II.

BESOIN D'UNE ALLIANCE.

Nous avons un double soin à prendre, premièrement de pourvoir à notre sûreté dans la crise présente, ensuite de nous prémunir contre une nouvelle crise de même nature. Le but de notre politique est donc d'avoir contre la coalition des ressources qui servent aujourd'hui, et que nous trouvions toujours prêtes si le danger se reproduisait.

Parmi les puissances coalisées, quatre ont sur toutes les autres une supériorité si grande, que, dans une alliance solide et durable avec l'une d'elles, nous trouverions pour la circonstance un puissant contre-poids, et pour l'avenir une force imposante, qui préviendrait une nouvelle attaque, ou nous rendrait plus capables d'y résister,

Ces quatre puissances sont l'Angleterre, la Russie, l'Autriche et la Prusse.

Il reste à examiner ce que nous aurions à faire à l'égard de chacune de ces puissances pour l'engager dans notre alliance, et, dans ce qui serait à faire, quelle chose est praticable.

CHAPITRE III.

SI NOTRE GOUVERNEMENT PEUT TRAITER AUJOURD'HUI D'UNE ALLIANCE.

Il y a deux points de vue sous lesquels un état doit être envisagé : dans ses rapports avec ses membres et dans ses rapports avec les autres états ; les premiers constituent la politique intérieure ; les autres la politique extérieure, et ces deux ordres de rapports sont d'une égale importance. Si donc il appartient à la nation seulement d'établir les rapports fondamentaux de l'état avec ses membres, il lui appartient aussi, et par la même raison, de fixer les rapports fondamentaux de l'état avec les autres états. Dans l'un comme dans l'autre cas, le gouvernement, qui n'est établi que pour administrer selon certaines règles, ne peut point créer ces rapports, puisqu'ils sont la

règle de l'administration, et qu'alors tout
serait arbitraire.

L'alliance qu'il nous faut contracter devant être le fondement de notre système de
politique, c'est, pour ainsi dire, notre
constitution extérieure qu'il s'agit d'établir : ce soin ne regarde donc que nous
seuls, et point du tout notre gouvernement.

Et, supposé que cette alliance fût dans
l'ordre des rapports extérieurs qui ressor-
tent des gouvernemens, ce serait encore à
nous seuls d'agir ici, puisque nous n'avons
point de gouvernement, puisque tout pouvoir est suspendu lorsque la nation fait ses
lois.

Voilà les principes dans leur exacte ri-
gueur ; mais ces principes, qu'on doit rap-
peler toujours, qu'on doit toujours recon-
naître, alors même qu'on est contraint de
s'en écarter, ces principes sont restés en ar-
rière des faits : le gouvernement, par sa
conduite, s'est annoncé comme ne devant
point être suspendu ; il persiste à se regar-

2

der toujours comme le gouvernement dans
le temps même où la nation s'assemble ; et
cette conduite paraît autorisée par les besoins pressans de l'état.

Voyons donc d'abord, le gouvernement
supposé existant, et traitant de cette alliance, quel succès on peut attendre de son
crédit auprès de chacune des puissances, et
de son action sur elles.

CHAPITRE IV.

DE L'AUTRICHE.

Une alliance est possible entre le gouvernement de France et le gouvernement d'Autriche, par les relations de famille qui existent entre les deux empereurs.

Quelles seraient les conditions de cette alliance? A quoi obligerait-elle la nation française?

Le grand objet de l'ambition de l'Autriche est d'assurer sa domination sur l'Italie; la première condition d'un traité avec elle serait de nous engager à l'aider dans ce dessein, et comme la volonté des Italiens est contre la domination autrichienne, ce serait nous engager à violer l'indépendance de l'Italie, ce serait jouer envers elle le même rôle que la coalition joue à notre égard, ce serait aller contre nos principes,

nous mettre en contradiction avec nous-
mêmes.

D'ailleurs, la raison même qui rend cette
alliance plus facile, la rend en même temps
dangereuse. Le trône de Napoléon, affermi
par la maison d'Autriche, soutenu de son
appui, prendrait dans cette dépendance
mutuelle d'intérêts, fortifiée par les relations de famille qui l'auraient com-
mencée, quelque chose du caractère des
anciens trônes de l'Europe; son autorité
tendrait à se fonder sur la même base que
l'autorité de l'Empereur d'Autriche. Par ce
rapprochement intime des deux gouvernemens, il serait impossible que les habitudes,
l'esprit, les principes de la souveraineté en
Autriche ne vinssent pas altérer l'esprit et
les principes de la souveraineté en France,
et que notre gouvernement lui-même ne
s'y prêtât pas. Or, comme les principes de
la cour de Vienne sont les principes de tous
les rois coalisés; comme ce sont les principes des rois coalisés qui les font aujour-
d'hui nos ennemis, il s'ensuivrait nécessai-

rement que Napoléon ne serait plus dans
notre cause, qu'il serait dans la cause contraire, qu'il ne serait plus avec nous contre
les rois, mais avec les rois contre nous ;
qu'il se trouverait dans la coalition.

Au reste, cette alliance pourrait, à la vé-
rité, mettre à couvert aujourd'hui notre indépendance nationale; mais qui nous assu-
rerait qu'elle serait durable, et qu'elle ne
nous manquerait pas à une seconde attaque? L'expérience nous avertit que nous
devrions peu compter sur elle. Nous aurions
donc fait une démarche dont l'issue serait
incertaine, nous n'aurions pas atteint le
but

CHAPITRE V.

DE LA RUSSIE.

La Russie est une puissance toute conqué-
rante; depuis Pierre le Grand elle ne tra-
vaille qu'à s'agrandir : c'est là son système;
c'est là le seul but de ses efforts et de sa politique. Ce n'est que dans cette vue qu'elle
consentirait à se faire l'alliée du gouvernement français.

Ainsi, cette alliance nous mettrait dans
la nécessité de choisir entre deux partis,
ou de devenir conquérans avec elle, ou de
faciliter ses conquêtes sans être conquérans
nous-mêmes.

Or, vouloir nous agrandir par des conquêtes, ce serait, d'un côté, abjurer nos
principes politiques, en violant l'indépendance des nations; de l'autre, mettre en
péril notre propre liberté, parce qu'il nous

faudrait investir le chef de l'état d'un pouvoir plus grand que le pouvoir légitime, et détruire ainsi l'équilibre de la constitution.

En second lieu, si nous favorisons seulement les projets ambitieux de la Russie, nous rendons plus redoutable encore cette puissance, déjà trop formidable pour ses lumières; nous lui donnons des forces que le seul caprice d'un prince peut un jour tourner contre nous-mêmes; pour éviter un danger nous nous exposons à un danger plus grand. En effet, la Russie, aidée de notre secours, pourrait s'accroître au point de devenir aussi forte que l'est aujourd'hui la coalition tout entière; or, une coalition peut se dissoudre étant composée d'élémens divers; la force de la Russie, unie, concentrée, indissoluble, serait plus à craindre.

L'alliance de la Russie n'est pas plus solide que celle de l'Autriche, et ne peut point l'être.

CHAPITRE VI.

DE LA PRUSSE.

UNE alliance du gouvernement français avec la Prusse est d'une impossibilité absolue, car il y a dans cette nation une haine violente contre Napoléon, et la nation prussienne, plus éclairée que la Russie et que l'Autriche, a assez d'action sur son gouvernement, pour qu'il craigne de faire un traité qui serait contre la volonté du peuple.

CHAPITRE VII

DE L'ANGLETERRE

Une alliance avec l'Angleterre offrirait tous les avantages que nous avons à chercher dans une alliance. Notre existence nationale serait hors de danger, nous n'aurions plus à craindre pour elle des chances de la la guerre, ou plutôt la guerre serait arrêtée et cesserait tout à coup; car c'est la politique de l'Angleterre qui unit la coalition, c'est son argent qui en soudoie les armées.

Quant à l'avenir, il n'y aurait plus de coalition possible ; car l'Angleterre et la France, unies, exerceraient sur le reste de l'Europe, par la politique ou par les armes, une action plus forte que ne pourrait être celle des cabinets ou des armées de l'Europe sur elles.

L'Angleterre est une puissance maritime

et commerçante, nous sommes une puissance territoriale; l'Angleterre a des capitaux accumulés, nous avons un sol fertile,
une population nombreuse, dont l'industrie ne peut prendre tout son développement, faute de capitaux : l'Angleterre a
donc ce qui nous manque, et nous avons ce
qui manque à l'Angleterre; notre alliance
avec l'Angleterre accroîtrait donc nos ressources avec les siennes.

Outre ces avantages d'industrie et de
commerce, il en est d'autres non moins
importans que nous trouverions dans des
rapports intimes avec l'Angleterre. Cette nation a cent trente ans d'expérience du gouvernement parlementaire, et nous en fai-
sons le premier essai; le parti constitutionnel aurait en elle un appui et contre les
défenseurs du despotisme, et contre ceux
d'une liberté extravagante. L'hésitation où
nous sommes encore serait détruite; les
principes raisonnables gagneraient; nous
sortirions de notre révolution (1).

____

(1) Voici un trait qui peut montrer quel profit nous

L'armée nous inquiète et nous fait appréhender de n'être point libres. Cette alliance,
en rendant l'armée moins nécessaire, la
rendrait moins redoutable. Nous pourrions
la diminuer ou la dissoudre ; car une crise,
[illegible]

retirerions pour nos habitudes politiques du commerce
des Anglais et de nos relations avec eux, rendues plus
fréquentes et plus intimes par l'alliance des gouvernemens. [illegible]

Peu de temps avant la fuite des Bourbons, un Anglais, frère du lord Bridgewater, avait acheté l'hôtel de
Noailles, ci-devant occupé par le prince archi-trésorier
de l'Empire. Comme il n'avait encore payé qu'un à-
compte, l'administration se mit en devoir d'exécuter le
décret impérial concernant les biens des émigrés, et d'ex-
pulser l'acquéreur.

À l'ordre de quitter les lieux, qui lui fut intimé par
un huissier, l'Anglais ne répondit autre chose, sinon
qu'il était chez lui, qu'il y resterait, que l'acte civil
qui le faisait propriétaire ne pouvait être annullé que par
un autre acte civil, que telle était la loi.

Le lendemain, un autre huissier se présenta ; même
réponse que la veille, et terminée à peu près en ces
termes : « Dites à ceux qui vous envoient que je ne sors
» d'ici qu'en vertu d'un jugement bon ou mauvais ; qu'il
» me faut un jugement. On dit que vous êtes libres en
» France, je saurai bientôt si vous l'êtes. Je vais faire ce
» qu'en pareille occasion je ferais en Angleterre : la maison

comme celles que nous avons éprouvées,
comme celle que nous éprouvons aujour-
d'hui, ne pourrait plus avoir lieu. Alors, le
pouvoir exécutif n'ayant plus en main une
grande force armée, ne ferait plus craindre
qu'il anéantît la constitution, en dominant
le pouvoir législatif.

Mais un rapprochement de notre gou-

» d'un citoyen est inviolable, ma maison sera forti-
» fiée, mes gens armés, et on tirera sur quiconque
» viendra, comme vous, monsieur, m'y faire violence
» au nom d'une autorité qui n'est point celle des lois. »

Et en effet, la maison fut fortifiée, les portes barrica-
dées, les gens armés. L'affaire fit du bruit, elle fut por-
tée au conseil d'état; l'Anglais est tranquille chez lui.

Supposons un moment que ce fût un grand seigneur
autrichien, ou russe, qui eût acheté l'hôtel de Noailles,
qui eût été sommé de livrer sa maison, que serait-il ar-
rivé? Ce n'est pas sur la force des lois qu'il eût compté,
mais bien sur son crédit personnel; ce n'est pas elle qu'il
eût mise en avant, mais ses dignités et sa naissance; ce
n'est pas à un tribunal qu'il en eût appelé, mais à l'am-
bassadeur de son maître.

On peut voir par ce parallèle lequel serait d'un meilleur exemple, lequel serait préférable pour le progrès de
la morale politique, qu'il y eût en France un grand
nombre d'Anglais, ou un grand nombre d'Autrichiens,
Russes, etc., etc., etc.

vernement avec le gouvernement anglais
est impossible, ils ne peuvent ni convenir
ni s'entendre.

D'abord, le système de coalition du continent contre l'Angleterre, conçu par
l'empereur Napoléon, éloigne le gouvernement anglais de tout accord avec lui. La
passion que ce prince a montrée pour la
guerre, le rôle de conquérant qu'il a joué, y
sont encore des obstacles. Ce gouvernement
craindrait, en s'unissant à lui, d'être en-
traîné dans une conduite opposée à celle
qu'il tient, et que son intérêt veut qu'il
tienne.

D'ailleurs, le gouvernement de Napoléon,
ne se montrant point stable encore et à
l'abri d'un mouvement politique, le gouvernement anglais ne doit point volontiers
s'engager dans une alliance dont une révolution pourrait lui faire perdre les avantages, en en détachant le peuple français.

~~~~~~~~~~~~~~~~~~~~~~~~~~~~~~~~~~~~~~

CHAPITRE VIII.

RÉSUMÉ DES CHAPITRES PRÉCÉDENS.

Il résulte que des quatre puissances dont l'alliance nous serait nécessaire, il y en a deux avec lesquelles notre gouvernement ne peut traiter d'aucune manière, et deux avec lesquelles il ne peut traiter sans nous jeter dans une politique à la fois contraire à nos principes et opposée à nos intérêts.

L'action du gouvernement est donc nulle ici, par la force des choses, comme elle est nulle par les principes ; l'action reste donc tout entière à la nation.

Or la nation n'est point éparse aujourd'hui ; elle est rassemblée, elle est organisée, elle a un centre de volonté et d'action ; elle peut donc agir.
~~~~~~~~~~~~~~~~~~~~~~~~~~~~~~~~~~~~~~

Ce centre de volonté et d'action est dans l'assemblée du *Champ-de-Mai*. C'est elle qui doit s'occuper de l'alliance qui nous convient.

Le premier avantage d'une alliance ainsi engagée par une résolution et par des démarches purement nationales, ce serait que l'allié, quel qu'il fût, se trouvât essentiellement l'allié de la nation, et non pas l'allié de la nation parce qu'il le serait du gouvernement; que ses rapports avec nous fussent indépendans de toute variation intérieure, qu'ils ne suivissent pas la fortune d'un prince, ni les chances incertaines d'un régime quelconque; qu'ils demeurassent toujours constans, toujours les mêmes. Notre révolution n'est point achevée, rien n'est stable encore parmi nous; mais, quels que soient ceux qui gouvernent, la nation est toujours la nation, ses intérêts ne changent point, il ne faut point que ses relations soient sujettes à changer.

Le gouvernement de Louis XVIII avait des alliés, et ses alliés étaient les nôtres; ils sont nos ennemis maintenant, et pourtant ils sont toujours ses alliés. Qui nous dit qu'un jour il n'en arriverait pas de même des alliés de Napoléon?

CHAPITRE IX.

DE L'ACTION DE LA NATION FRANÇAISE.

La nation doit agir sur les puissances de l'Europe. Avant de rien dire de cette action, il est bon de rendre compte de ce que c'est qu'une puissance.

En Russie, *la puissance*, c'est l'empereur; en Autriche, c'est encore l'empereur; en Espagne, c'est le roi. En Angleterre, est-ce de même? Serait-ce de même en France, si la France était constituée? Dans tout état, la nation est active, elle entre dans le partage du pouvoir, elle est la puissance, en proportion de sa capacité et de ses lumières politiques.

Il y a donc des cas où une puissance est un gouvernement, il y en a où c'est à la fois le gouvernement et la nation, il y en aurait même où ce serait la nation seule, si la nation était capable d'une constitution purement démocratique.

Agir sur une puissance, c'est donc agir, ou sur un gouvernement, ou sur un gouvernement et sur la nation gouvernée, ou sur une nation seulement, selon l'état politique des Empires.

Nos démarches nationales auront donc à s'adresser, ou à des gouvernemens, ou à des nations. Examinons sur quel gouvernement, ou sur quelle nation, nous pouvons exercer une action utile à nos vues.

CHAPITRE X.

ACTION DE LA NATION SUR LES GOUVERNEMENS.

Dans tous les états de l'Europe, à l'excep-
tion de l'Angleterre, l'ordre social repose
sur des principes essentiellement différens
de ceux qui soutiennent l'ordre social en
France. La souveraineté y est absolue, chez
nous elle a ses bornes dans la loi. On n'y
connaît que l'obéissance, et nous, nous te-
nons à nos droits. Comme l'habitude d'une
communication facile amène naturellement
les hommes à sentir et à vouloir de même,
les gouvernemens sont disposés à craindre les
relations de leurs sujets avec nous, ils répu-
gnent à notre alliance.

Si le gouvernement anglais n'a rien à
craindre des principes que nous professons,
puisqu'il est fondé sur eux, une autre raison
l'éloigne de nous, c'est que notre révolution

n'est point terminée, c'est que nous ne sommes pas fermes encore dans les principes, c'est que jusqu'ici nous n'avons fait que détruire. Il doit appréhender que l'esprit turbulent qu'il voit en nous ne se répandît en Angleterre, et ne donnât le signal à des réformes qui ne peuvent se faire sans que son pouvoir soit affaibli.

Une alliance avec nous est donc si fort contre les intérêts de tous les gouvernemens, qu'ils n'y peuvent nullement consentir. Voyons, de notre côté, ce que cette alliance nous apporterait d'inconvéniens ou d'avantages.

Un pouvoir plus absolu au dedans, au dehors une domination plus étendue, c'est là l'ambition de tous les gouvernemens, c'est là leur premier intérêt. Nous allier avec l'un d'eux, mettre en commun ses intérêts avec les nôtres, ce serait, de propos délibéré, nous rendre complices ou d'oppressions ou de conquêtes. Un gouvernement peut bien le vouloir, et y entraîner une nation, mais une nation ne peut le vouloir, ni s'y porter d'elle-même.

Quant au gouvernement anglais, que nous avons séparé des autres, outre que dans toutes les occasions sa politique a été dirigée contre la France, et qu'il ne montre point en avoir changé, puisqu'il est aujourd'hui l'âme et le chef de la coalition, son dessein de devenir une puissance du continent lui ferait rejeter maintenant plus que jamais notre alliance; car ce qu'il doit avoir en vue est notre affaiblissement, qui le laisserait plus libre d'exécuter ses projets.

CHAPITRE XI.

ACTION DE LA NATION SUR LES PEUPLES.

Toute alliance étant impraticable entre les gouvernemens et nous, le seul moyen pour nous de n'être plus isolés, est de nous rapprocher des nations.

Pour les nations qui sont tout entières dans les mains des gouvernemens, la question est résolue d'avance; nous n'avons aucune prise sur elles, il n'y a rien de commun entre elles et nous : telles sont l'Autriche et la Russie.

Les seuls peuples qu'il nous soit possible d'attacher à notre cause, ce sont les peuples du nord de l'Allemagne, de l'Italie et la nation anglaise; car les peuples de l'Allemagne et de l'Italie, plus avancés que les autres, sentent le besoin de leur indépendance; il ne leur manque qu'un appui pour

les déterminer à un effort vers elle ; et nous
pourrions être cet appui. Entre la nation
anglaise et la nôtre, il y a la conformité la
plus entière de maximes sociales, d'intérêts
nationaux, d'institutions.

Et d'abord, un mouvement en Italie ne
peut avoir de résultats s'il n'est soutenu par
de grandes forces, puisque les villes y sont
occupées par les troupes autrichiennes. Les
Napolitains, qui nous seraient d'un grand
secours, ne peuvent nous servir dans cette
entreprise, car ils l'ont eux-mêmes essayée
en vain ; la haine de l'Italie contre eux a
fait rejeter leur appui. Il nous faudrait
donc seuls exciter et soutenir l'insurrection
de l'Italie ; il faudrait y envoyer des armées
nombreuses, ce qui serait imprudent au
moment où nos frontières peuvent être
attaquées de tous côtés.

Quant aux peuples du nord de l'Allemagne, ils sont tellement emportés par le
désir de se venger de nous, que cette passion fait taire en eux toutes les autres, jusqu'à celle de la liberté : le besoin d'un ré-

gime meilleur les touche moins que l'espé-
rance de nous humilier. Nos offres seraient
aussi peu écoutées chez eux que celles des
Napolitains en Italie ; l'éloignement serait
même plus grand, parce que la haine est
plus vive.

Il ne nous reste donc que la nation anglaise. Par l'impossibilité démontrée d'un
rapprochement avec les autres, nous
sommes conduits à cette alternative, ou
de demeurer seuls, ou de nous joindre à
elle. C'est là notre ressource dernière ; si
elle manque, tout nous manque. Mais il y
a tant d'intérêts communs entre les deux
peuples, ils ont un tel besoin l'un de l'autre,
il y a de si grands avantages pour l'Angleterre à se joindre à nous, que des démarches
sagement mesurées doivent suffire à l'y déterminer.

CHAPITRE XII.

MESURES A PRENDRE.

Sᵢ la nation anglaise s'assemblait aujourd'hui comme nous pour exercer elle-même sa souveraineté, si comme nous elle était maîtresse de son action, libre de ses démarches, et n'en devant compte qu'à soi, les moyens de rapprochement seraient simples et faciles : des députés de notre assemblée nationale à l'assemblée nationale de l'Angleterre iraient annoncer nos dispositions et stipuler les conditions du traité. Il n'en est pas ainsi. La nation anglaise est constituée ; elle a son gouvernement, par lequel seul elle peut agir, et ce gouvernement est au nombre des gouvernemens coalisés.

Mais si l'Angleterre ne fait rien maintenant par sa volonté purement nationale, et

sans l'entremise de ceux qui la gouvernent,
elle exerce en revanche sur eux, par la nature de sa constitution, une influence tellement puissante, que, s'ils s'obstinaient
contre sa volonté prononcée, par un mouvement subit, le gouvernement passerait
de leurs mains dans les mains d'amis de la
nation, de complaisans de son désir.

Tout se réduit donc à agir fortement sur
la nation anglaise par des déclarations nationales qui lui montrent que nous avons
une résolution arrêtée de nous unir à elle,
que nous sentons que nulle alliance ne nous
convient que la sienne, que nous n'en voulons point d'autre.

Depuis long-temps, en Angleterre comme
en France, le besoin de cette union a été
senti : si elle ne s'est point opérée encore,
c'est qu'il y avait des gouvernemens entre
les peuples, et que ces gouvernemens avaient
des vues contraires ; c'est que les nations,
n'agissant l'une sur l'autre que par leurs
gouvernemens, n'étaient point sûres de
leurs intentions mutuelles : l'Angleterre

craignait la France, et la France craignait l'Angleterre.

L'expression, franche de notre volonté nationale, quand cette volonté est libre et entière, ne saurait être suspecte.

Il faut donc que l'assemblée du Champ-de-Mai déclare :

Que le peuple anglais, par la conformité de nos institutions avec les siennes, par ce rapport de principes, par cette communauté d'intérêt social qui est le lien le plus solide entre les hommes, est désormais notre allié naturel; que la volonté de la nation française, que l'intérêt de l'Angleterre et de la France, l'intérêt de l'Europe entière, est que cette union soit rendue plus intime, plus ferme et plus régulière par un accord entre les gouvernemens; qu'elle prescrit en conséquence au gouvernement qu'elle va constituer, de traiter d'une alliance avec le gouvernement anglais; qu'elle ne le constitue qu'à cette condition.

Cette déclaration doit être un article de l'acte constitutionnel.

CHAPITRE XIII.

SUITE.

Nous nous devons à nous-mêmes d'établir d'une manière fixe et précise les principes de notre organisation sociale, c'est-à-dire, non-seulement les bases de notre politique intérieure, mais encore celles de notre politique extérieure. Nous le devons aussi à l'Angleterre, si nous voulons qu'elle se rapproche de nous; car elle ne peut en aucune manière entrer dans nos vues, si elle ne sait qui nous sommes, si notre caractère politique tout entier ne lui est point montré par nos dispositions constitutionnelles, si elle n'y trouve des motifs de confiance et des garanties pour l'avenir.

Les deux déclarations suivantes, ajoutées à l'acte constitutionnel, rempliraient cette condition nécessaire.

I. Le peuple français déclare que, dans la délégation qu'il fait de ses pouvoirs au gouvernement qu'il constitue, il n'entend pas lui donner le droit d'agrandir le territoire par des conquêtes, ni même par des traités ou des conventions, de quelque nature qu'elles soient, dans le cas où, de cet agrandissement il résulterait un accroissement de population de plus de cent mille individus. Toutes les fois donc que le gouvernement jugerait utile et possible de réunir au territoire français, par traités ou arrangemens quelconques, une portion de pays dont la population excédât cent mille individus, la volonté du peuple français est qu'il soit procédé de la manière suivante à cette réunion.

Le peuple qu'il s'agira d'incorporer à la France, de son côté, et le peuple français du sien, devront au préalable manifester leur vœu à cet égard par signatures individuelles; et l'union ne sera réputée légale, et comme telle effectuée, que dans le cas où, de part et d'autre, la majorité absolue aura voté pour elle; autrement elle ne pourra avoir lieu.

II. Le peuple français accepte purement et simplement l'acte additionnel aux constitutions de l'empire; mais il déclare en même temps

qu'il ne considère cet acte additionnel, ainsi
que les constitutions de l'empire elles-mêmes,
que comme provisoires; ajournant de se constituer définitivemeut lorsque la crise où il se
trouve sera terminée, et toute inquiétude extérieure dissipée.

En conséquence, le peuple français donne à
sa chambre des représentans le pouvoir de se
déclarer assemblée constituante dès qu'elle le
jugera nécessaire.

Tant que la volonté d'un peuple est gé-
née ou contrainte, il ne peut se donner une
constitution; la constitution qu'il se don-
nerait alors ne serait point l'acte de sa volonté libre, et elle doit l'être.

Or, maintenant, la nation française se
trouvant en danger, ne peut avoir de volonté pleinement libre; elle dépend des
hommes que ce danger semble lui rendre
nécessaires. Nous ne serons libres que lorsque le danger qui nous presse étant passé,
nous n'aurons plus les mêmes besoins,
lorsque la coalition ne sera plus à craindre;
et puisque l'alliance de l'Angleterre peut

seule nous ôter cette crainte, nous ne devons donc, nous ne pouvons nous constituer avant d'être les alliés de l'Angleterre.

Que si, en nous liant par une constitution dans l'état où nous sommes, nous sanctionnons pour ainsi dire notre dépendance, nous n'aurons point l'alliance de l'Angleterre, le principe de la guerre subsistera toujours, la coalition ne sera point déjouée (1).

---

(1) Cet ouvrage n'ayant été entrepris que dans la vue de proposer une mesure, nous avons dû ne point entrer dans de plus longs détails ; nous en publierons incessamment un second, où la question de l'alliance de l'Angleterre avec la France sera traitée dans tout son développement.

FIN.

De l'Imprimerie de Cellot, rue des Grands-Augustins.

9 782019 630232